Psicología para principiantes

Los fundamentos de la psicología explicados de forma sencilla: comprender y manipular a las personas

Claudia Sonnenbeck

CONTENIDO

Introducción a la Psicología

La psicología es una materia con horizontes amplios y en parte inexplorados. El bienestar psicológico de un individuo depende de todas y cada una de sus influencias. Empezando en el útero, continuando con la educación, las aficiones, los puntos de vista, las percepciones, los sentimientos y los valores aprendidos. Estas influencias propician un desarrollo positivo o también negativo. A grandes rasgos, estos opuestos de desarrollo positivo y negativo describen en última instancia la psicología. La psicología intenta explicar el comportamiento de un individuo y ofrece la posibilidad de superar los miedos, por ejemplo.

Para garantizar una buena introducción al tema, es importante mencionar que se agrupa el término paraguas de psicología en muchos aspectos detallados y subtemas. Los nuevos descubrimientos contribuyen regularmente al desarrollo y progreso de la psicología. Por ejemplo, se desarrollan nuevos métodos y nuevas terapias mediante la investigación avanzada del cerebro y las observaciones del comportamiento mediante la recopilación de estadísticas.

El término psicología procede del griego antiguo y significa -si se traduce literalmente- algo así como psicología o estudio del alma. Los sentidos humanos, es decir, ver, oír, oler, sentir y saborear, son especialmente importantes en este llamado estudio del alma, porque estos sentidos ayudan en casi todos los trastornos psicológicos o son una de las primeras áreas que se abordan.

Para comprender mejor la psicología, con todos sus temas y áreas, son útiles los contenidos que se enumeran a continuación. La psicología es muy compleja, pero ésta es una explicación sencilla de la psicología para principiantes.

Historia de la psicología

La historia de la psicología te proporciona un importante conocimiento de fondo para comprender la psicología, porque muchas de nuestras terapias actuales se basan en el pensamiento de aquella época. En primer lugar, la psicología se remonta al siglo XIX. En aquella época, el establecimiento oficial de la psicología como campo de investigación independiente y científicamente respetado se produjo mediante la unión de grupos de investigación. Sin embargo, este campo de investigación ya existía *antes de Cristo.* Un erudito griego llamado Aristóteles, que era filósofo y científico natural de "profesión", escribió un libro titulado "De anima" - "Sobre el alma"- en el que habla del alma humana, la discute y avanza conjeturas. Este libro y las discusiones de la época se consideraron finalmente la base del científico y pedagogo Siegmund Freud y sus modelos sobre la psique.

En el proceso, diversas influencias, como el materialismo, condujeron a nuestros conocimientos actuales. En el siglo XIX, por ejemplo, ya se reconocía la importancia de los órganos de los sentidos de un individuo y se ampliaba y mejoraba con nuestros conocimientos actuales. Pero los psicólogos, formados por filósofos, médicos y científicos naturales, por supuesto no siempre estaban de acuerdo, por lo que a principios del siglo XX surgieron muchas direcciones en la psicología, que incluso siguen existiendo hoy en día. Sin embargo, estas diferentes direcciones se describirán y explicarán con más detalle más adelante, pero siguen constituyendo los fundamentos de nuestra psicología actual.

Autodiagnóstico: ¿Cómo es mi estado mental?

El siguiente es un autotest que pretende describir el estado mental de un individuo. Sirve de ayuda para conocerse mejor a uno mismo y profundizar en el tema. A continuación se detallan quince afirmaciones. Estas afirmaciones se basan en distintos sentimientos y comportamientos personales. El test funciona de tal forma que puedes darte puntos del 1 al 10 por cada afirmación. El número uno significa "No es cierto" y el número diez significa "Es cierto". Los números del 2 al 9 indican tendencias.

1. Tiendo a estar ansiosa y nerviosa.

2. Me preocupo mucho por muchas cosas diferentes.

3. Creo que puedo controlar pocas cosas y eso me atormenta.

4. Tengo un sueño malo e intranquilo.

5. Vivo mucho en el pasado.

6. Mi comportamiento alimentario ha cambiado involuntariamente.

7. A menudo estoy apático y desmotivado.

8. A menudo prefiero estar solo.

9. Me irrito con facilidad y sufro cambios de humor.

10. A menudo me siento agotada por la vida cotidiana.

11. Descuido a mi familia y mis aficiones.

12. A menudo tengo pensamientos negativos.

13. Echo de menos mi energía.

14. Mi familia ya me ha llamado la atención sobre mi comportamiento.

15. Ya no me río mucho.

La evaluación de estas declaraciones es ahora muy sencilla. Para cada afirmación, se anota la puntuación individual correspondiente. Cuanto mayor sea la puntuación, más probable es que el estado mental no se encuentre en un estado ideal y necesite mejorar.

Para acercarse al estado ideal y mejorar el propio bienestar, existen diversos ejercicios y métodos que contribuyen a ser más feliz y a pensar de forma más positiva.

Psicología científica frente a psicología laica

El término genérico psicología incluye dos términos estrictamente diferenciados. En primer lugar, el concepto de psicología científica, pero también el concepto de psicología profana.

La psicología profana también se denomina psicología cotidiana. Incluye conclusiones de la psicología que no se basan en criterios y hechos científicos. Esto significa que la psicología cotidiana no establece las normas del conocimiento en pruebas científicas, sino que se basa en suposiciones comunes a través de experiencias personales similares, historias y demás.

A través de la psicología cotidiana, han surgido mitos en el ámbito de los estereotipos de género, en el ámbito del estado civil y también en el ámbito de la edad. Un mito muy extendido es que las mujeres siempre hablan más que los hombres y que esto se debe a que las mujeres siempre tienen que comunicarse y necesitan atención. Éste es un ejemplo de la típica psicología cotidiana. Los hechos que se aplican más a menudo se reformulan como universales y se busca una psicología detrás de ellos y se reestructura para que encajen.

Sobre todo, esto también ocurre cuando se ha podido refutar científicamente los mitos, ya que esto no se tiene en cuenta en la psicología cotidiana. Por seguir con el mismo ejemplo: El estudio científico 6 APSYH01 1 pudo desmentir que las mujeres hablan más que los hombres. Tanto los hombres como las mujeres hablan una media de unas 16.000 palabras al día.

Las diferencias más importantes entre la psicología cotidiana y la psicología científica son, por tanto, que en la psicología cotidiana se generalizan los mitos y las afirmaciones irreflexivas sin someterlas a un examen crítico. Se hacen afirmaciones contradictorias y no se fundamentan científicamente, la recogida de datos se basa en coincidencias y no en estadísticas y análisis estructurados. En la psicología científica, son verificables con métodos y conceptos científicamente diseñados. Además, a pesar de las diferentes orientaciones y caminos, los investigadores suelen llegar a las mismas conclusiones y resultados debido a las normas y conceptos científicos.

En cambio, la frase cotidiana "los polos opuestos se atraen" no es científicamente verificable ni comprobable. Los "psicólogos cotidianos" manejan diferentes interpretaciones y sus teorías no son verificables y repetibles, o lo son sólo de forma deficiente. Las teorías, sin embargo, son verificables en la realidad con métodos científicos. Sin embargo, un problema actual de la psicología cotidiana es también que estas frases se ajustan a casi todas las situaciones y, por tanto, su "corrección" puede encontrarse a menudo en el mundo.

Sin embargo, debe quedar claro para todos que las inferencias psicológicas no tienen una explicación monocausal (causa única), sino que los comportamientos humanos pueden mostrar diferencias drásticas. La psicología, como ciencia natural objetiva, experimental y basada en la estadística, pretende cambiar el control sobre el comportamiento de una persona. La Psicología se considera una ciencia del comportamiento basada en la metodología y en la experiencia humana.

Áreas de la psicología

La psicología es, por tanto, una ciencia del comportamiento, además de una ciencia natural, que describe el comportamiento y la experiencia y, con la ayuda de perspectivas y métodos científicos, se distingue de la psicología cotidiana o psicología profana descrita anteriormente. La adquisición de conocimientos en psicología se basa en los niveles sociocultural, psicológico y biológico, por lo que puede dividirse en distintas áreas o disciplinas, que a su vez se dividen en *materias* básicas, *materias aplicadas* y materias *metodológicas*.

Empezando por lo básico, hay que mencionar que dentro de estas disciplinas se distingue entre asignaturas que también forman parte de otras asignaturas básicas y asignaturas que presentan hallazgos básicos en determinados contextos y contextos. La primera diferenciación, es decir, las asignaturas que también forman parte de otras asignaturas básicas, incluye la psicología general, la biopsicología y la metodología psicológica. El campo de los conocimientos básicos incluye la psicología social, la psicología de la personalidad, la psicología diferencial y la psicología del desarrollo.

La psicología general y la psicología biológica se explican brevemente con más detalle: La psicología general se ocupa de la cuestión de qué regularidades y conexiones pueden encontrarse en relación con la experiencia y el comportamiento de una persona y qué aspectos comunes se derivan de ello. Se tratan aspectos como el conocimiento, la atención, las emociones, las motivaciones, la percepción, el aprendizaje, la cognición y el lenguaje.

La psicología biológica, en cambio, se ocupa de las áreas que afectan a la experiencia y el comportamiento. Se estudian aspectos como la genética de una persona, pero también la anatomía, la fisiología, la actividad cerebral, la actividad muscular, la frecuencia cardiaca, la tensión arterial y otros aspectos que tienen que ver con la biología del cuerpo humano.

Las disciplinas de las áreas de aplicación son muy distintas y están fuertemente ramificadas con subtemas. Básicamente, sin embargo, se puede decir que se incluye la psicología clínica con los temas de neuropsicología y psicología médica, así como la psicología empresarial con los subtemas de psicología industrial incl. psicología de la ingeniería, psicología organizativa, psicología industrial, psicología financiera, psicología del liderazgo, psicología del mercado incl. psicología del comercio minorista, psicología del consumidor, psicología de las ventas y psicología publicitaria. Otros ámbitos de aplicación son la psicología educativa, la psicología de la paz, la psicología comunitaria, la psicología gerontológica, la psicología de la salud, la psicología de los medios de comunicación, la psicología militar, la psicología de la música, la psicología política, así como la psicología jurídica con los subtemas de psicología criminal y psicología forense. Sin embargo, también pertenecen a los ámbitos de aplicación la psicología religiosa, la psicología escolar, la psicología del deporte, la psicología medioambiental y la psicología del tráfico.

Los temas metodológicos también se subdividen de forma compleja. Uno de los aspectos y términos paraguas más importantes es la metodología psicológica, con los subtemas metaanálisis, filosofía de la ciencia, metodología experimental, investigación evaluativa, ética, matemáticas, informática y psicología matemática. El aspecto matemático también tiene el subtema de la estocástica, que se ocupa de la estadística, la teoría de juegos, la combinatoria y la teoría/cálculo de probabilidades. Los diagnósticos psicológicos constituyen el segundo término general importante en este ámbito.

Corrientes en psicología

Las corrientes de la psicología comprenden 5 temas, que son muy diferentes. Entre ellas están el conductismo, la psicología profunda, la psicología de la Gestalt, la psicología cognitiva y la psicología humanista.

El conductismo se originó en el ser humano a principios del siglo XX. Esta corriente se interesa fundamentalmente por un estímulo desencadenado y la reacción posterior de un individuo. El interés estaba especialmente relacionado con el comportamiento y los procesos de aprendizaje. Estos procesos, o los distintos tipos de comportamiento, pueden ser tanto negativos como positivos. El esquema que describe con precisión la exploración del estímulo y la conducta se denomina esquema estímulo-respuesta. Entre los siglos XIX y XX, un fisiólogo realizó las primeras investigaciones sobre este estudio del reflejo, que se probó por primera vez en perros.

La psicología profunda, en cambio, se ocupa mucho más de la psicología del ser humano utilizando otros métodos y enfoques. La psicología profunda puede dividirse en tres aspectos principales. El primero describe el análisis metódico del comportamiento humano y la experiencia humana. El segundo aspecto describe una teoría establecida en este ámbito, y el tercer pilar principal son las tres instancias del ego, el id y el superego. Sin embargo, este tema también incluye aspectos importantes de la interpretación de los sueños y la explicación de los trastornos psicológicos y las orientaciones sexuales.

En cambio, la psicología de la Gestalt considera y trata la experiencia y la percepción como un todo. Por este motivo, también se denomina teoría de la percepción. Las personas que practican la psicología de la Gestalt siempre intentan encontrar leyes o explicaciones que ayuden a explicar al ser humano con sus diversas interpretaciones. Por ejemplo, se abordan las siguientes cuestiones

• ¿Por qué es posible poner algunas cosas en segundo plano, pero otras en primer plano?

• ¿De qué factores depende la velocidad de las detecciones?

• ¿Por qué y para qué ven los humanos ciertas conexiones entre las cosas?

• ¿Qué factores pueden facilitar o dificultar el reconocimiento de estas conexiones?

La psicología cognitiva o cognitivismo se ocupa del análisis y estudio del procesamiento de la información de un individuo.

La última corriente, es decir, la psicología humanista, trata del autodesarrollo individual, la autodeterminación, la autorrealización y mucho más. El supuesto básico de esta corriente se basa en la idea de que las personalidades sanas se desarrollan con esta forma de psicología.

Psicología fisiológica

La psicología fisiológica intenta explicar cómo las emociones, los comportamientos y los cambios de conciencia están relacionados con aspectos como la respiración, la función motora, las hormonas, la circulación y la actividad cerebral. Por ejemplo, las emociones y el estrés interactúan para desempeñar un papel importante en el organismo. La investigación se centrará en el estudio del procesamiento de los estímulos sensoriales. Por ejemplo, sentir dolor puede hacer que aumenten los latidos del corazón y que los músculos empiecen a tensarse. Esta reacción también se produce, por ejemplo, en el trastorno psicológico "ataques de pánico". Se envía la señal de dolor y el corazón de la persona empieza a latir con fuerza: se queda absorta en la situación y cae en un miedo mortal.

Psicosomática

La Psicosomática también se denomina teoría de la enfermedad o enfoque holístico, entre otras cosas. La Psicosomática examina los procesos y las interconexiones que se producen tanto en una persona sana como en una enferma como resultado de las capacidades psíquicas. La palabra deriva del griego antiguo y significa alma (psique) y cuerpo (soma).

La Psicosomática examina y analiza principalmente las influencias psicológicas debidas a acciones somáticas. Al hacerlo, se intenta identificar el origen que ha transferido al cuerpo un estímulo psicológico. La somatopsicología es la denominada contraparte de la psicosomática. La somatopsicología es la contrapartida de la psicosomática, que se ocupa de cómo se resiente el nivel psicológico y emocional como consecuencia de una enfermedad física. La medicina psicosomática es la ejecución y aplicación de la medicina psicosomática en un hospital o institución médica. Las tareas básicas incluyen el reconocimiento, la prevención, el tratamiento y la rehabilitación. A continuación, se incluyen los ámbitos de aplicación más diversos: Un ejemplo es la presencia de enfermedades físicas, como el cáncer. Otros ejemplos son los trastornos postraumáticos, los trastornos por estrés, los trastornos de la personalidad, los trastornos alimentarios y muchos más.

Pero la psicosomática no significa que siempre sea necesariamente un hallazgo somático. También hay trastornos mentales que desencadenan dolor físico sin ser realmente un peligro del que preocuparse. Un ejemplo típico es el trastorno psicológico "ataques de pánico". Con los ataques de pánico, básicamente se puede decir que la persona reacciona de forma hipersensible a determinados estímulos y suele dramatizar las cosas. Una punzada en el pecho se autodiagnostica como un infarto inminente, pero esta "punzada en el pecho" ni es tan real como la persona afectada percibe, ni significa que su vida esté en peligro. Por ejemplo, si un individuo tuvo el primer ataque de pánico antes de un examen, es probable que cualquier estímulo que tenga algo que ver con un examen desencadene otro ataque de pánico. Podría ser el sonido de un libro al abrirse, el olor del papel o incluso sostener el mismo bolígrafo. Se actúa sobre cada estímulo que el cuerpo asimila y éste se pone nervioso y "se hace doler". En este caso, el examen psicosomático puede proporcionar información sobre el problema y la persona afectada puede someterse a tratamiento psicológico.

La percepción de un estímulo y una reacción posterior también se denomina conexión psicosomática. El ejemplo de los ataques de pánico es igualmente apropiado. La sensación de miedo que se experimenta durante un ataque de pánico hace que las glándulas suprarrenales de una persona liberen adrenalina. Esta liberación tiene como consecuencia que el sistema nervioso autónomo se altera y, por ejemplo, pueden producirse trastornos digestivos. Por eso son ciertos muchos refranes que utilizamos. Cuando uno está nervioso o tiene miedo y está preocupado, suele decir "Algo me pesa en el estómago" o también "El susto me recorre las extremidades". Las influencias externas también pueden agravar la reacción o la consecuencia. Por ejemplo, dormirse constantemente delante del televisor puede provocar trastornos del sueño y que la causa sea un trastorno del sueño. Pero las toxinas, como el alcohol, el tabaco o las drogas en general, también pueden tener efectos psicosomáticos.

Psicología de la percepción

En la psicología de la percepción se estudia la llamada parte <u>subjetiva</u> de <u>la percepción</u>. Para comprender mejor la psicología de la percepción, es importante saber que se habla entre relaciones objetivas y subjetivas entre los estímulos y sus sensaciones. La percepción objetiva describe que las personas sanas (es decir, sin deficiencias visuales, auditivas o similares) -ya que todas tienen los mismos órganos sensoriales- perciben un estímulo de la misma manera. La percepción subjetiva es la que determina en última instancia cómo se interpreta ese estímulo. Por tanto, la psicología perceptiva examina y explica la parte que no explica la ciencia, sino nuestra anatomía básica.

TEORÍA DE LA PERCEPCIÓN

Existen varias teorías para explicar las percepciones, que deberían proporcionar información al respecto. Una de ellas es la teoría de Hermann von Helmholtz.

Esta teoría se estableció en 1866 y afirma que la experiencia que tiene o ha tenido un individuo es decisiva para su visión del entorno. Según Hermann von Helmholtz, la experiencia contribuye decisivamente a nuestra visión del entorno. Un individuo utiliza inconscientemente sus experiencias para juzgar y concluir sobre lo que percibe. Esta "inferencia inconsciente" garantiza que uno pueda percibir tan rápidamente en su entorno familiar, porque sólo necesita unos pocos estímulos indicios. En un entorno desconocido, sin embargo, esto puede llevar al mismo tiempo a que los procesos que tienen lugar en el entorno debido a las situaciones desconocidas se malinterpreten y, por tanto, uno se sienta incómodo o incluso incomode a las personas que le rodean.

Otra teoría de la percepción es la teoría ecológica

de la percepción de James J. Gibson. La teoría de Gibson examina tres factores básicos para el análisis. El primer factor describe el factor del análisis exacto de la información del entorno. El segundo factor describe la "consideración de la actividad de los seres vivos" y el tercer aspecto describe la "especificación de las ofertas perceptivas del mundo según la especificidad de especie de los respectivos seres vivos de interés". Al examinar estos tres aspectos, se pudo averiguar que no son los estímulos individuales los que mueven a un individuo a asimilar algo, sino que es la variedad de invariantes a lo largo del tiempo y del movimiento. Además, la oferta de acción también desempeña un papel importante en esta teoría. Por ejemplo, la acción que ofrece una escalera mecánica se percibe de forma diferente según el tipo de criatura.

PSICOLOGÍA GESTALT

Otro subtema importante de la psicología de la percepción es la psicología de la Gestalt. Ésta describe la experiencia como una totalidad. En la psicología de la Gestalt existen las llamadas leyes de la Gestalt, que se formularon en 1923. La primera ley se denomina ley de la proximidad y significa que los elementos que no están muy alejados se perciben como si pertenecieran juntos.

La segunda ley se denomina ley de la similitud. Ésta afirma que los elementos y objetos que son similares entre sí tienen más probabilidades de ser clasificados por un individuo como pertenecientes a un mismo grupo que los elementos que evocan claras disimilitudes.

Sigue la ley de la buena forma, que afirma que un individuo prefiere percibir formas que tengan una estructura simple.

Otra ley es la ley de la buena continuación o también llamada ley de las líneas continuas. Esta ley describe que cuando ves dos líneas formando una X, no supones que son dos líneas con una curva, sino que son dos líneas rectas que simplemente se cruzan.

Otra ley es la ley del cierre. Esto significa que un individuo prefiere percibir estructuras cerradas y que no parezcan abiertas y no cerradas.

Otra ley es la ley del destino común, que describe que se prefiere percibir algo que se mueve en la misma dirección. Puede tratarse de un elemento, dos elementos o incluso varios elementos. Esta ley era la última que existía entonces, hasta que Stephen Palmer formuló otras tres leyes de la Gestalt en 1990.

Estas leyes se llamaban ley de la región común, ley de la simultaneidad y ley de los elementos conexos.

La primera ley, la ley de la región común, describe que los elementos que se encuentran en zonas delimitadas tienen más probabilidades de ser percibidos y sentidos por alguien como pertenecientes juntos que si no es así.

La ley de la simultaneidad describe que los cambios simultáneos tienen la misma probabilidad de ser clasificados como pertenecientes juntos. Y la última ley, la ley de los elementos conectados, describe que los elementos conectados se perciben como un objeto entero y unificado.

Si conoces estas leyes, podrás darte cuenta de que también se explotan a menudo en nuestro mundo. Un ejemplo de ello son los medios de comunicación. Los medios de comunicación utilizan estas leyes para reconstruir un "sentimiento conectado y unificado" o para enfatizar algo deliberadamente, lo que significa que estas leyes se infringen a propósito.

Por ejemplo, el color rojo es el color complementario del verde, lo que significa que si algo es de color rojo sobre un fondo verde, el cerebro humano lo percibe con mayor intensidad. Sin embargo, esto infringe la ley de la similitud. Pero estas leyes de la Gestalt también se aplican en otros ámbitos.

PERCEPCIÓN SENSORIAL

Otro punto importante en el campo de la psicología perceptiva es, por supuesto, la percepción sensorial. Como es bien sabido, el ser humano tiene cinco sentidos que permiten: ver, oler, oír, gustar y sentir. En lenguaje técnico, "ver" se denomina percepción visual con el ojo. Los estímulos visuales se perciben con el ojo, como el brillo, el contraste, los colores, los contornos, las formas, la tridimensionalidad, así como los movimientos y otras impresiones.

La "audición" también se denomina percepción auditiva con el oído. El oído capta sonidos, tonos y ruidos y tiene la capacidad de identificar la distancia de los sonidos, así como su dirección. La percepción auditiva también puede activarse mediante el sentido del tacto en el caso de sonidos muy fuertes, ya que pueden sentirse las vibraciones. Además, el oído también tiene la capacidad de controlar el sentido del equilibrio de una persona, lo que le da la capacidad de percibir el control del movimiento.

El sentido del tacto se describe como percepción táctil y ayuda al ser humano a sentir el tacto mediante receptores de frío y calor. Sin embargo, se distinguen dos subsistemas: El primero es la sensibilidad a la profundidad. Describe la percepción de las extremidades del cuerpo y la postura corporal asociada. Aquí, en lugar de un único órgano, se responsabiliza de la recepción de los estímulos un mayor número de receptores. Esto se resume bajo el término "sentido muscular". Además, este aspecto también incluye la percepción que el propio cuerpo tiene de sus propios órganos.

El segundo aspecto es la percepción táctil, que sirve para sentir la temperatura, las vibraciones, el tacto y la presión. El órgano sensorial que nos permite absorber todos estos estímulos es la piel.

El sentido del olfato se describe como percepción olfativa y se capta con la nariz. La detección de olores está fuertemente asociada a las emociones en el cerebro y, por tanto, suele acompañar a la terapia. El sentido del olfato también se describe como Percepción Gustativa y se capta con la lengua, que lleva varios receptores gustativos que ayudan a identificar alimentos, sustancias químicas y más.

En la psicología de la percepción, los sentidos desempeñan un papel enormemente importante, porque sin ellos, en primer lugar, una persona no podría percibir en absoluto y, en segundo lugar, los distintos sentidos ofrecen a un individuo muchas formas diferentes de interpretar las situaciones y, por tanto, son significativos para la toma de decisiones.

PERCEPCIÓN FIGURA-FONDO (EJEMPLO "RUBY CUP" DE WELLHÖGER 1990)

En el campo de la percepción sensorial, también existe el concepto de percepción figura-fondo, que se ejemplifica con una copa de rubí. La percepción figura-fondo describe la diferenciación entre el primer plano y el fondo mediante la ponderación individual de los estímulos recibidos. Para explicar el ejemplo: en la imagen, se ve una copa de rubí representada en blanco y, a su izquierda y derecha respectivamente, en formas toscas y en color negro, personas simétricas que se miran entre sí. La cuestión es si se percibe primero la copa y el negro es simplemente el fondo, o si se percibe primero a las personas y el blanco retrocede al fondo y no se reconoce en absoluto como una copa. Mediante la afluencia de los distintos estímulos a través de los colores y las formas, etc., el cerebro filtra qué impresiones parecen importantes y cuáles no. En el proceso, los estímulos importantes se colocan en primer plano y los estímulos sin importancia se colocan automáticamente en segundo plano.

33

CLAUDIA SONNENBECK

Psicología de la personalidad

La psicología de la personalidad es un campo de la psicología que generalmente se ocupa de la personalidad de un individuo. Los motivos, la evolución y las reacciones a los estímulos caracterizan esta psicología.

EL MODELO DE LOS CINCO GRANDES DE LA PERSONALIDAD

El Modelo de los Cinco Grandes de la Personalidad es un modelo de cinco factores del campo de la psicología de la personalidad que existe desde hace mucho tiempo y sigue siendo un modelo reconocido internacionalmente para examinar la personalidad de un individuo. Los cinco factores de la personalidad son

- Apertura a la experiencia
- Conciencia
- Extraversión
- Compatibilidad
- Neuroticismo

El factor apertura describe el interés por nuevas experiencias y ocupaciones en relación con las impresiones recogidas. El factor Conciencia describe la característica del autocontrol y la característica del perfeccionista. La extraversión describe a grandes rasgos el comportamiento interpersonal. El siguiente factor se denomina "agradabilidad" y también describe el comportamiento interpersonal. El último factor es el neuroticismo, que refleja las emociones negativas y es la contrapartida de la fortaleza emocional.

AUTODIAGNÓSTICO DE LOS CINCO GRANDES: ¿QUÉ PERSONALIDAD TENGO?

Una cuestión importante que ocupa la mente es la de la propia personalidad. Para filtrarla, primero hay que considerar qué capacidades tienen las distintas personalidades.

Las personas de mentalidad abierta se caracterizan por:
• Buena imaginación
• Clasificar hábilmente sus sentimientos
• Interés por los asuntos públicos
• Curiosidad
• Voluntad de experimentar
• Comportamiento no convencional
• Lo nuevo es más interesante y mejor que lo viejo y probado

Las personas concienciadas se caracterizan por:
• Organización
• Atención
• Fiabilidad

• Superioridad y planificación

Las personas con comportamiento extraversivo son:

• sociable

• activo

• charlatana

• optimista

• cordialmente

Las personas compatibles tienen las siguientes características:

• Deseo de aceptación social

• Son comprensivos

• Son benevolentes

• Eres compasivo

Las personas con un alto nivel de neuroticismo son:

• Ansioso

• Tenso

• Inseguro

• Lay

• Reflexivo

• Hipersensible a las emociones negativas

Para saber qué personalidad tienes ahora, debes

examinar más detenidamente los factores y pensar detenidamente qué aspectos te atraen más.

¿COMO PUEDES CAMBIAR LAS ESTRUCTURAS DE TU CARACTER / PERSONALIDAD?

Básicamente, se puede decir que es posible cambiar de personalidad. Normalmente puedes comprobarlo con sólo mirar atrás y ver que no eres la misma persona en cuanto a comportamiento que hace 5 años. Sin embargo, un cambio de personalidad requiere mucha paciencia, tiempo y disciplina. La mayoría de las veces se trata de pequeñas manías o malos hábitos que te gustaría cambiar de ti mismo, pero el tiempo para acostumbrarte a ellos es muy difícil. Tienes que prestar especial atención a tu cuerpo y escucharlo bien. Pero el primer y mejor paso para cambiar tu personalidad es visualizar lo que significa cambiar tu personalidad o parte de ella.

Psicología del desarrollo

La psicología del desarrollo es un componente importante de la psicología y describe el cambio en la experiencia y el comportamiento a lo largo de toda la vida de una persona. En particular, se observa el curso saludable de una vida y no un periodo de la vida marcado por la enfermedad.

El concepto de desarrollo es muy difícil de explicar en este contexto. En general, sin embargo, se puede afirmar que el desarrollo se entiende como el proceso de surgimiento y cambio, por lo que se habla de tres principios con respecto al desarrollo en psicología. El primer principio es el principio de crecimiento, el segundo es el principio de maduración y el tercero es el principio de aprendizaje.

El principio de crecimiento se refiere principalmente al cambio en la estructura del cuerpo, es decir, la forma, el tamaño, etc. El término maduración se refiere al desarrollo concreto de reflejos o instintos u otros comportamientos que no se aprendieron pero que se llevan en el cuerpo. El término maduración se refiere al desarrollo concreto de reflejos, instintos u otros comportamientos que no fueron aprendidos pero que se llevan en el cuerpo.

El último principio, es decir, el principio del aprendizaje, se refiere tanto al ámbito tradicional del condicionamiento como al ámbito que abarca el aprendizaje escolar. Así pues, la tarea de la psicología del desarrollo consiste en explicar por qué se han producido determinados cambios, por qué razones se produce la sensación de estabilidad y por qué existen diferencias inter e intraindividuales a este respecto.

Psicología social

La psicología social es una materia que se desarrolla tanto en el campo de la sociología como en el de la psicología. Describe la influencia de una gran variedad de factores sociales, así como de modos de experiencia y comportamiento. Así, el pensamiento y la acción, así como el comportamiento, se examinan a la luz de la influencia social.

Es bien sabido que todos los procesos de un ser humano en cuanto a comportamiento, reacciones y formación de opiniones tienen lugar teniendo en cuenta las normas sociales y el propio estado de ánimo. Sin embargo, el entorno también puede influir en las decisiones tanto consciente como inconscientemente.

Por ejemplo, un individuo se siente mucho más cómodo en un grupo de personas que se mueven de forma similar, visten de forma parecida y tienen intereses similares que en un grupo que no cumple todos estos puntos. Este fenómeno se produce debido a la identificación con el entorno social.

La psicología social pudo averiguar que siempre es importante que un individuo pueda identificar y tener un entorno agradable para desarrollar pensamientos positivos. Esta idea ayudó a los psicólogos sociales a ayudar activamente, por ejemplo, a aliviar el dolor y a combatir las fobias y los miedos.

Sin embargo, el campo de investigación de la psicología social incluye muchas áreas diferentes. Por ejemplo, la percepción social, la cognición social, la construcción del yo y las actitudes.

La percepción social trata de cómo se recibe e interpreta la información recogida mediante la observación del entorno. En el término genérico de percepción social se incluyen subtemas como las teorías de la atribución, la teoría de las conclusiones correspondientes y la teoría de la covariación. Las teorías de la atribución se ocupan de las explicaciones del comportamiento de las personas. La teoría de las inferencias correspondientes supone "que los observadores infieren las intenciones correspondientes a partir del comportamiento observado". La última teoría, es decir, la <u>teoría de la covariación</u>explica las valoraciones diferentes e individuales de las personas en relación con una situación y una acción observadas.

El campo de la cognición <u>social</u> abarca el otro tema general de la psicología social y sirve para explicar los procesos del pensamiento. La cognición social sirve para averiguar por qué y cómo se puede influir en una acción y reacción debido a un aspecto social. En este proceso, se hace una distinción básica entre dos procesos diferentes: el proceso automático y el controlado (pensamiento). Un proceso automático se describe como aquel que ocurre de forma automática e inconsciente sin intención, sin perturbar los procesos cognitivos que tienen lugar simultáneamente. Un proceso controlado, en cambio, es el que se produce intencionadamente y tiene lugar conscientemente en una persona.

Posteriormente, también está la construcción del yo en el ámbito de la psicología social.

En este tema se analizan diversas causas relacionadas con el individuo. La gran pregunta del "¿por qué?" y la gran pregunta del "¿de dónde?" en relación con el autoconocimiento de una persona se elaboran en este tema. Sin embargo, las cuestiones centrales no son sólo el origen y el "¿por qué?", sino que conceptos como el autoconcepto, los autoesquemas y la autoestima son aspectos esenciales que intervienen en el tema de la "construcción del yo".

Continuamos con el tema de las "actitudes". Por este tema se entiende que un individuo evalúa diversas cosas, como los grupos, los grupos marginados, el comportamiento, las opiniones y también las personas de su entorno social. Esto se debe a que las actitudes internas tienen una enorme influencia en la forma en que una persona piensa y actúa como individuo, ya que las actitudes influyen en las percepciones. En este tema, el modelo multicomponente de actitud es un modelo común, que establece que la definición del término actitud es que una persona intenta hacer una evaluación de un objeto basándose en fundamentos cognitivos, afectivos y conductuales. En este contexto, la interacción entre actitud y comportamiento es muy importante. Porque, como dicen los investigadores de las actitudes, éstas pueden predecir el comportamiento de una persona.

Otras áreas de las que se ocupa la psicología social son las emociones, los roles sociales, el sentido de la justicia, la comunicación verbal y no verbal, la agresión, los prejuicios y mucho más.

45

PSICOLOGÍA PARA PRINCIPIANTES

agresión, los prejuicios y mucho más.

Psicología publicitaria

La psicología publicitaria describe el efecto que tiene en las personas la publicidad que se recibe de diversas formas. La psicología publicitaria se utiliza con fines de influencia activa. En otras palabras, debe ayudar o provocar que el cliente compre algo. El efecto de reconocimiento suele determinar la compra. Este reconocimiento puede producirse a través de un eslogan, pero también a través de una melodía determinada y sonora, que fluye directamente a la cabeza de uno cuando ve el producto anunciado con ella. Por lo tanto, no se trata sólo de asociar determinados estímulos a las campañas publicitarias que generalmente se realizan, sino también de conseguir un determinado efecto de reconocimiento como vendedor. Para ello, las repeticiones son muy importantes, para que el eslogan, la melodía o similares sean también pegadizos y tarde o temprano se queden grabados en la cabeza de un individuo. Ni siquiera importa si te gusta la melodía o el eslogan es diverso. El único hecho y objetivo es que se quede en la cabeza y el producto llame la atención.

Otro método de la psicología publicitaria funciona con el condicionamiento clásico. Esto significa que se intenta animar a la gente a comprar un producto mediante recompensas regulares. Un ejemplo de esto es anunciar un bien que todo el mundo quiere. Por ejemplo, se supone que la avena rica en proteínas es ideal para el desayuno. Así que anuncian que comer este producto te hará estar más en forma y más sano. Todo el mundo quiere estar más en forma y más sano, así que compran el producto confiando en que les ayudará. Existe un procedimiento que puede llamarse simplemente AIDAS para abreviar. AIDAS significa 1. atención, 2. interés, 3. deseo, 4. acción, 5. satisfacción y aborda los aspectos más importantes para un anuncio bueno y prometedor:

1. Atraer la atención es la clave para conseguir clientes potenciales

2. Debe despertarse el interés por querer tratar el producto

3. Debe garantizarse la detección del deseo de comprar

4. El producto anunciado debe comprarse

5. El cliente debe recibir una confirmación de compra y estar contento con su decisión de haber comprado este producto. El cliente debe estar tan contento y convencido que quiera comprar el producto una y otra vez.

Esto significa que, tras una compra satisfactoria y feliz, el proceso del consumidor en relación con el producto es el siguiente: Publicidad -> Compra -> Publicidad -> Poscompra -> Publicidad -> Poscompra, etc.

Otra técnica esencial del calor es la llamada PPPP. Esto significa "1. imagen, 2. promesa, 3. prueba y 4. empuje".

Esta técnica publicitaria incluye el cumplimiento de los siguientes puntos:

1. Visualizaciones pictóricas para la ilustración
2. El anuncio debe contener una garantía o promesa
3. La promesa también debe probarse mediante hechos reconocidos
4. Hay que hacer una llamada a la acción

El último punto a considerar en términos de psicología publicitaria es <u>la USP</u>, también abreviatura de "propuesta única de venta". Esta abreviatura sólo quiere decir, a grandes rasgos, que los eslóganes publicitarios deben ser pegadizos y sencillos.

Así que, en resumen, se puede decir sobre el tema de la psicología publicitaria que la publicidad ejerce una enorme influencia en la psique humana y que hay muchísimos trucos que incitan a la gente a comprar algo y a creer en algo.

Psicología del deporte

La psicología del deporte es una terapia que utiliza el deporte para ayudar a reconocer determinados patrones de comportamiento. Además, esta terapia debe ayudar a resolver problemas o el objetivo es contrarrestar los problemas con la ayuda del deporte. En medicina y psicología, el deporte se considera un medio de unir mente y cuerpo. Por ejemplo, puedes dar rienda suelta a la agresividad contenida mediante el boxeo o entrenar tu resistencia mediante el cardio y así "agotar" tu cuerpo. En resumen, se ha demostrado que el deporte ayuda a las personas a ser felices. Al principio, el deporte te da confianza en ti mismo. Tienes constantemente la sensación de haber conseguido algo y te da una buena autoestima. No tienes que ponerte metas muy altas, porque incluso 30 minutos de marcha pueden ser suficientes.

Además, los científicos junto con los psicólogos pudieron averiguar que el ejercicio regular conduce a un mejor sueño. En primer lugar, porque el sistema cardiovascular mejora y, en segundo lugar, también porque es más probable que el cuerpo consiga transportarte a la fase de sueño profundo y a la fase de sueño remoto mediante el ejercicio. El sueño es indispensable para el cuerpo humano. En primer lugar, porque nuestro cuerpo está muy débil en algún momento y nuestros músculos necesitan tiempo de descanso, pero también para que se puedan procesar las cosas del pasado y las que han ocurrido durante el día.

Sin embargo, si no se entra en la fase de sueño profundo y tampoco en la fase de sueño rem con sensatez, entonces el cerebro no puede procesar ciertas cosas y las personas se sienten infelices y rápidamente se sienten físicamente débiles y agotadas. Esta sensación puede contrarrestarse con el método de la terapia deportiva y así no sólo tratarse uno mismo, sino también tener la oportunidad de averiguar dónde están exactamente los problemas. Porque también con esta terapia es importante, aunque se base en el deporte, filtrar el origen del problema, reconocerlo y luego combatirlo.

Psicología positiva

La psicología positiva describe el tratamiento de aspectos positivos como la felicidad, el optimismo, la seguridad y mucho más. Se centra en las fortalezas del carácter, que incluyen aspectos como la fuerza cognitiva individual, la fuerza emocional y la humanidad, pero también la fuerza civil, como la justicia, la equidad y la responsabilidad. Esta forma de psicología se aplica a menudo en la práctica empresarial, por ejemplo en el ámbito del "liderazgo positivo", en el ámbito de la educación y también en la crianza de los hijos. La psicología positiva es esencial para todo ser humano, ya que le proporciona una sensación de bienestar.

Pero también puedes aplicarte la psicología positiva a

ti mismo teniendo siempre presentes ciertos aspectos y frases:

10 AFIRMACIONES ÚTILES

Afirmaciones útiles en el ámbito del pensamiento positivo serían, por ejemplo, las siguientes:

1. Puedo tomar mi vida en mis manos.
2. Otras personas me quieren y me respetan por lo que soy.
3. Soy valioso.
4. Me acepto tal como soy.
5. Me perdono a mí mismo.
6. Me divierto en la vida.
7. Soy adorable.
8. Soy valioso.
9. Amo mi cuerpo.
10. Merezco una salud perfecta.

APRENDE EJERCICIOS DE PENSA-MIENTO POSITIVO

Pero también puedes aprender a pensar positivamente mediante diversos ejercicios. Por ejemplo, puedes protegerte de una crisis o afrontar mejor una crisis.

Para aprender el pensamiento positivo, primero hay que visualizar dónde están exactamente los problemas y cómo se siente exactamente el problema. Es importante intentar ser lo más detallado posible en la descripción, ya que esto conducirá a un mejor resultado final. Una vez que la persona ha aclarado esto, puede hacer los ejercicios que le ayudarán a pensar de forma más positiva. Los básicos son los llamados ejercicios de atención plena, que pueden integrarse en la vida cotidiana para aprender a pensar de forma más positiva. Los ejercicios de atención plena también incluyen tareas de meditación.

Que una persona piense positivamente o no tiene que ver con su resiliencia, es decir, con su fuerza emocional interior. Su grado de desarrollo varía de una persona a otra, porque se desarrolla a través de la educación, las experiencias y las circunstancias externas de la infancia. Sin embargo, para pensar positivamente, es importante reforzar la resiliencia, ya que es la clave del pensamiento positivo. Para que esto ocurra, sin embargo, es importante tener en cuenta muchos factores como persona de pensamiento negativo: Entre ellos están los factores de aceptación, emociones positivas, optimismo, autopercepción positiva, convicción de control, expectativa de autoeficacia y el factor de la red social. Todos estos factores están contemplados en las personas resilientes. Las personas resilientes, por ejemplo, aceptan el cambio y no siempre intentan luchar contra él.

Han aceptado que el cambio forma parte de la vida y es inevitable. Por eso, a estas personas les resulta más fácil, cuando ocurre algo que les provoca pensamientos negativos, volver a salir del "bajón". Las personas resilientes aceptan que no hay una solución para todo en el mundo y están igual de tranquilas con esto que con una respuesta. Otras habilidades, como la capacidad de ordenar los propios sentimientos y conocer el propio estado de ánimo, también forman parte de ello.

Se caracterizan por el optimismo y, mediante la capacidad de reestructurar las creencias internas, obtienen nuevas creencias que pueden hacerles más felices. Estos aspectos, pero también otros muchos, son muchas obras que hay que trabajar para conseguir un pensamiento más positivo, pero todas pueden cubrirse mediante ejercicios.

La meditación y los ejercicios de atención plena, en los que uno presta atención consciente a su propia mente y capta consciente y conscientemente las influencias con los sentidos, ayudan especialmente a estar en paz con uno mismo. Por lo demás, es la reestructuración activa de las creencias y la interiorización de lo nuevo, así como el cultivo consciente y activo de los contactos sociales, lo que ayuda a pensar de forma más positiva. Las buenas relaciones y las convicciones internas positivas hacen que uno sea feliz, y también se ha demostrado que la realización regular de ejercicios de meditación reestructura el cerebro humano para que uno sea más feliz.

Psicología motiva-cional

La psicología motivacional es una forma de psicología que se ocupa específicamente de los efectos en el comportamiento una vez que un individuo está motivado y examina qué motivos necesita un individuo para conseguir la motivación necesaria. En este contexto, la psicología motivacional habla fundamentalmente de 4 conclusiones que se consideran orientativas.

La primera idea es que la motivación es la clave para comprender el comportamiento humano. Sólo cuando tú, como persona ajena, eres consciente de qué motivos o motivaciones están presentes, puedes comprender determinados comportamientos. Un ejemplo de ello es una persona que creció en una gran pobreza y ahora, en su nueva vida, posee un montón de objetos viejos y atesora cada vez más cosas, aunque la persona es estable económicamente. Si no se conocieran sus antecedentes, no se entendería por qué esa persona no se limita a tirar las cosas a la basura. Pero después de saber lo que le motiva a hacerlo, a saber, el miedo a volver a perderlo todo, entonces se mira la situación con otros ojos, porque se puede comprender el comportamiento.

La segunda idea es el aspecto que afirma que, en un principio, los motivos siempre están vinculados a un objetivo determinado. En algunos casos, no siempre somos conscientes de los objetivos, pero en cualquier caso están ahí. El objetivo inconsciente que se persigue suele surgir durante la comunicación, por ejemplo, cuando se quiere animar inconscientemente a alguien para que cambie su decisión mediante el tono de voz. Pero, por supuesto, estos motivos también pueden ser muy reales, como hacer muchas horas extras porque quieres financiarte unas vacaciones.

La tercera idea es que la naturaleza de un motivo suele determinar el éxito o el fracaso. La mayoría de las veces, la gente no consigue sus objetivos porque su propia motivación se interpone en el camino. Esto suele ocurrir cuando alguien establece como propios los objetivos de otras personas sin pensar activamente en lo que quiere para sí mismo.

La cuarta y última idea describe la forma en que las personas afrontan la frustración. Pues hay distintas formas de afrontarla que pueden ser decisivas para el éxito de un individuo. El motivo del fracaso en la consecución de objetivos suele deberse a que no se ha aprendido la forma adecuada de afrontar la frustración. Las primeras dificultades hacen que las personas abandonen la motivación en lugar de ver la dificultad como un reto renovado. A la inversa, esto también significa que una persona tiene la oportunidad de beneficiarse de una fase difícil. Por supuesto, tiene sentido alejarse de uno u otro objetivo, pero cada persona sabe desde el fondo de su corazón lo que realmente quiere.

Además, existen algunas formas básicas de motivación que determinan la probabilidad de alcanzar un objetivo deseado. Los psicólogos distinguen cuatro *dimensiones básicas de la* motivación:

El tipo de motivación también influye a la hora de determinar si es probable que se alcance un objetivo o no. Los psicólogos suelen distinguir cuatro dimensiones básicas de la motivación:

La primera dimensión es la motivación intrínseca o extrínseca. La motivación extrínseca describe la motivación que procede del exterior y no tiene nada que ver con el objetivo real. Un ejemplo clásico es el de los niños en la escuela. Los padres ofrecen al niño una recompensa material si saca buenas notas. A menudo, el objetivo del niño en el aprendizaje no es tanto la buena nota como la recompensa. Así pues, la motivación para aprender procede del exterior. En contraste con esto está la motivación intrínseca, que describe la motivación que procede del interior. Esta motivación puede manifestarse, por ejemplo, en forma de curiosidad, sed de conocimiento o interés general.

En esta primera dimensión, los estudios han descubierto que la motivación intrínseca es más fuerte y duradera en un individuo que la motivación extrínseca. La motivación extrínseca suele deberse cuando surgen tareas que tienen poco que ver con las propias necesidades o intereses. Por esta razón, una vez realizado el trabajo, la motivación extrínseca exigirá una nueva "recompensa" por cada tarea, o dejará de exigirse porque la motivación ya no es lo suficientemente grande.

La segunda dimensión se describe como motivación positiva o negativa. La motivación negativa describe la motivación dirigida a evitar cosas negativas.

También hay un ejemplo escolar adecuado: un niño de octavo curso sabe que habrá problemas en casa si llega con malas notas. Por eso estudia mucho. Así que el niño quiere evitar la situación negativa que podría producirse y por eso se siente motivado para estudiar.

La motivación positiva, en cambio, se basa en un estado deseado. Un ejemplo adecuado sería que una persona adulta quisiera dejar de fumar porque le gustaría volver a estar en mejor forma. Además, ella misma se da cuenta de que el humo del cigarrillo se le pega a la ropa y, sin duda, ahorraría más dinero. Con esta dimensión, es más probable que la motivación del adulto dure más y que tenga más éxito con su plan. Los estudios han descubierto que la motivación negativa puede desencadenar la rebeldía y tener un efecto paralizante en una persona.

La motivación a corto plazo frente a la motivación a largo plazo describe la tercera dimensión de la psicología de la motivación. Esta dimensión describe simplemente el hecho de que uno no debe fijarse metas demasiado grandes sin fijarse metas intermedias. Si te fijas un único gran objetivo, es muy probable que pases por muchas fases de frustración, que al final te llevarán a abandonar. Sin embargo, si sigues fijándote pequeños objetivos intermedios y los alcanzas, evitarás las masas de frustración porque podrás "repostar" nueva motivación con cada logro de un objetivo intermedio.

La última dimensión de la psicología de la motivación es la motivación consciente o inconsciente. La motivación consciente describe los objetivos activos y deliberados con los que uno se relaciona. La motivación inconsciente, en cambio, describe los motivos que se encuentran en la parte inconsciente de la persona. Esto puede hacer que un individuo fracase. La motivación inconsciente también se denomina contramotivación, que puede impedir que uno alcance un determinado objetivo consciente. Un ejemplo de ello puede encontrarse de nuevo en la escuela: un alumno concede conscientemente gran importancia a la equidad y la justicia. Por eso, quiere ayudar a sus compañeros de clase, de los que se burlan sin motivo. Sin embargo, su contra-motivación es que tiene miedo de que se burlen de él. Así pues, este "nivel de motivación inconsciente" puede llevar a no alcanzar los propios objetivos. Resulta sorprendente que las personas que padecen enfermedades mentales se vean especialmente afectadas por esta contramotivación.

Psicología Experimental

La "psicología experimental" también se denomina "psicología experimental" y describe a grandes rasgos el proceso de obtención de conocimientos mediante la realización de experimentos con sujetos. La psicología experimental ya forma parte de muchos temas psicológicos como subdisciplina y se considera un importante campo de investigación. La psicología experimental también se basa en el progreso científico médico o general, por lo que, naturalmente, los métodos y los diagnósticos pueden mejorarse constantemente. Por ello, esta forma de psicología es una de las más sólidas basadas en el progreso. Sin embargo, también hay muchos detractores de la psicología experimental. Las objeciones incluyen, por ejemplo, que "la psicología no se puede medir" y que debería haber especificidades y límites en los experimentos.

Psicología clínica

La psicología clínica es una de las principales áreas de la psicología aplicada. La tarea de esta psicología es estudiar los fundamentos de los trastornos mentales, teniendo en cuenta aspectos científicos, biológicos, sociales, de desarrollo, conductuales, cognitivos y emocionales.

Normalmente, la psicología clínica era un método de diagnóstico, siempre que hubiera sido en una clínica u hospital. Sin embargo, sigue siendo importante mencionar que tanto la psicología médica como la neuropsicología están estrechamente relacionadas con la psicología clínica. La psicología clínica se utiliza para analizar trastornos físicos o incluso sociales, ambientales, utilizando métodos científicos para examinar, por ejemplo, las condiciones del efecto y el comportamiento en la experiencia. Con sus diagnósticos, la psicología clínica analiza diversos patrones de comportamiento y procesos científicos o incluso biológicos. Sin embargo, este subtema de la psicología aplicada no es un tema que se trate exclusivamente en la teoría, sino que también está relacionado con cierta práctica. Los experimentos de laboratorio también son esenciales para profundizar en determinados aspectos.

Sin embargo, la elaboración e investigación de los trastornos mentales también es sólo un subtema de la psicología clínica, porque en realidad puede dividirse fundamentalmente en tres aspectos teóricos: Métodos, Diagnóstico y Tratamiento. No es raro que la psicología clínica se solape con otros temas de la psicología.

En general, sin embargo, puede decirse que esta psicología es una investigación básica que compara, investiga y examina el comportamiento "perturbado" con el comportamiento "normal". Al mismo tiempo, también busca las causas y el desarrollo de los trastornos mentales en el marco de una investigación más profunda. Ejemplos de ámbitos de aplicación de esta forma de psicología son los trastornos de ansiedad o la depresión.

La psicología de nuestras mascotas

La pregunta de si nuestros animales también tienen una psicología se la han planteado sin duda muchas personas. Todos han querido saber si su ser querido tiene realmente una conciencia similar a la nuestra. A veces los animales no se comportan de forma instintiva, impulsiva y guiada por impulsos primarios, sino que muestran carácter, amor y, de algún modo, un lado humano. La cuestión de si los animales también tienen conciencia es difícil de responder, ya que ni siquiera la conciencia de los humanos puede definirse claramente, sino que sólo puede interpretarse con el mayor detalle posible desde muchos enfoques diferentes. Una de las piedras angulares para la explicación de la conciencia humana es la frase "Pienso, luego existo" del filósofo francés René Descartes. Cuando se dice que una persona es "consciente de las consecuencias", por ejemplo, esto significa en el subtexto que es consciente de todas las situaciones posibles que podrían surgir y que entonces ha tomado una decisión teniendo en cuenta todas las eventualidades.

Un ser humano es capaz de controlar sus procesos emocionales, sus pensamientos y sus acciones, de cambiarlos y de reflexionar sobre ellos. Esto es lo que nos distingue de los animales. Al menos eso es lo que se podría pensar, pero no se puede afirmar al cien por cien. Todavía es demasiado complejo para la medicina y la investigación actuales emitir un juicio exacto sobre la conciencia de nuestros animales. De hecho, la investigación sobre la consciencia está resultando un verdadero reto en el mundo animal. Quizá el mayor problema sea la falta de comunicación.

Con un ser humano, puedes comunicarte a través de nuestro lenguaje sobre el comportamiento, sobre las emociones y sobre las razones y causas. Los animales, sin embargo, no pueden decirte "Eso me ha dolido",

"Eso me hace sentir bien". Por tanto, el estudio de la percepción en los animales se basa exclusivamente en mediciones y observaciones de los procesos neurológicos.

Pero los humanos también estamos muy atrasados en la investigación, porque durante mucho tiempo ni siquiera se estudió el tema. Sin embargo, una cosa que se ha descubierto es que los animales tienen rasgos diferentes, no sólo fuera de las distintas especies, sino también dentro de una misma raza.

Estos rasgos de carácter se desarrollan a través del mantenimiento y la crianza de los animales, así como de la forma en que éstos interactúan con su madre cuando son cachorros. También hubo un experimento interesante que alimentó los debates sobre la conciencia animal. En el experimento se trabajó con cuervos, simios, delfines y elefantes. Se colocó a estos animales frente a un espejo y tuvieron la capacidad de reconocerse a sí mismos. Esto podía averiguarse colocando una mancha de color en los animales que sólo podían ver en el espejo. Tras descubrir esta mancha de color, los animales intentaron quitársela a sí mismos y no a la imagen del espejo o similar. Esto ha demostrado que algunos animales tienen conciencia, pero la cuestión es en qué nivel se encuentra la conciencia.

Pero ni siquiera los humanos tienen esta conciencia desde el principio, sólo la aprenden con la educación. Si pones a los bebés delante de un espejo, no saben que simplemente se están reflejando y no se reconocen. Porque lo único que necesitan los bebés es la satisfacción de sus necesidades básicas.

Así pues, el tema es muy controvertido porque, sencillamente, está muy poco explorado y es difícil de investigar. Es posible demostrar que nuestras mascotas están tristes o alegres mediante sustancias químicas, pero aún no es posible demostrar si el propio animal conoce su estado de ánimo. Pero una cosa está clara: ¡no es imposible!

El modelo freudiano del iceberg

El modelo del iceberg según Siegmund Freud es un modelo basado en la interacción entre psique y personalidad. Se discuten y describen tres partes esenciales de la personalidad. Los tres aspectos esenciales de la personalidad son el *consciente*, el *preconsciente* y el *inconsciente*. Este modelo -de ahí su nombre- se visualiza con un iceberg flotando en el agua. Aproximadamente el veinte por ciento del iceberg asoma fuera del agua y el ochenta por ciento está bajo la superficie. La parte que sobresale del agua se describe como lo *consciente, la que le* sigue como lo *preconsciente* y la que está en el fondo como lo *inconsciente*.

La parte consciente incluye todos los factores lógicos, absolutos. Estos factores incluyen, por ejemplo, datos, pero también números en general y hechos. Esta parte también se denomina nivel fáctico. La parte preconsciente incluye características como miedos, rasgos de personalidad o conflictos reprimidos y valores importantes.

La última parte de la personalidad es el inconsciente. Incluye los acontecimientos que han desencadenado un trauma, por ejemplo, el desarrollo psicosexual de un individuo, así como los instintos con los que nace una persona. Los dos últimos aspectos, es decir, el preconsciente y el consciente, también se denominan posteriormente nivel emocional.

La distribución de estos tres aspectos es, por supuesto, simbólica y está sabiamente elegida. El inconsciente es algo en lo que tú, como individuo, tienes que profundizar. A menudo es tan profundo que sólo puedes transportar todo lo que hay en la parte inconsciente a la parte consciente o preconsciente con la ayuda de un especialista. Por eso, estas dos partes del modelo también están en el fondo y bajo el agua. La parte preconsciente es una parte que también está bajo el agua, pero que no suele causar dificultades. Por ejemplo, el miedo a las arañas es algo que suele estar bajo la superficie, pero que, sin embargo, es evidente para todo individuo. La parte consciente está entonces, naturalmente, por encima de la superficie.

Con este modelo, Freud intenta explicar el comportamiento y las reacciones de un individuo. En concreto, el modelo describe que sólo un veinte por ciento de lo que comunica un individuo, ya sea comunicación interpersonal o comunicación consigo mismo, se basa en hechos y datos absolutos, y que el ochenta por ciento restante se basa en experiencias y en los sentimientos asociados a ellas. De hecho, él mismo describe al ser humano como alguien que se guía por sentimientos y emociones. A continuación, también apoya esta tesis o esta intuición con este modelo de iceberg.

Sin embargo, el modelo también tiene otros títulos para las áreas respectivas. Por ejemplo, en otras variantes, lo consciente se denomina *ego, lo* preconsciente *superego* y lo inconsciente *id.* El "yo" describe así al individuo tal como es. El "superego" es la parte de la personalidad que contiene los valores y la moral, y el aspecto de la personalidad "id" describe los instintos básicos y los impulsos básicos de la persona. Esta variante del modelo del iceberg se describe de tal modo que el id y el superego están en constante conflicto. El superego, conocido como preconsciente, es la parte que uno ha aprendido a través de la sociedad.

Es decir, mediante la educación, un individuo sabe que se comporta con calma y sensatez en un tren de cercanías porque así debe ser según las leyes sociales y jurídicas. En el proceso, sin embargo, teóricamente puede ocurrir que el superyó entre en conflicto. El ser humano está diseñado para reproducirse. Esto significa que un individuo podría sentir el impulso de hablar con una señora en el tren de cercanías y querer reproducirse con ella. Entonces las dos instancias entran en conflicto, porque lo aprendido y lo innato se interponen. En tales situaciones, la instancia *"yo" adquiere* mayor importancia, porque esta instancia decide en última instancia qué acción se lleva a cabo.

Así pues, esta instancia intenta decidir si lleva a cabo la acción del superyó o la del id, o decide mezclar las dos acciones y así transigir. Freud también utilizó este modelo para describir los trastornos mentales. Según él, un violador, como ejemplo extremo, tenía un "yo" pronunciado y sus pulsiones estaban en primer plano. Sin embargo, en opinión de Freud, todo ello podía contrarrestarse con una educación "correcta".

76

40 efectos psicológicos increíbles

A continuación se enumeran 40 efectos psicológicos que no sólo son asombrosos en el campo de la psicología, sino que el conocimiento de estos efectos llevó a adquirir más conocimientos sobre psicología y ayudó en las terapias.

El efecto foco
El primer efecto es el llamado efecto foco. Este efecto procede del campo de la psicología social y aborda el

fenómeno de que un individuo imagina que otras personas le prestan más atención de la que le prestan en realidad. Suele afectar a las personas que padecen fobias sociales graves.

Expectativa de autoeficacia

El concepto de expectativa de autoeficacia se refiere a la expectativa de una persona de que será capaz de gestionar sus propios planes basándose en sus propias competencias. Una persona que cree que puede marcar la diferencia con sus acciones, incluso en situaciones difíciles, tiene una SWE alta. Un componente de la SWE es la creencia de que, como individuo, uno puede influir específicamente en el mundo y en sus acontecimientos, así como en el curso de la historia contemporánea, en lugar de considerar como causa circunstancias externas como otras personas, la suerte o factores fundamentalmente incontrolables.

Efecto antimanchas

A nadie le gustan las personas perfectas. El efecto mancha se refiere al fenómeno de que los pequeños defectos hacen que las cosas nos resulten realmente interesantes.

Reactancia

La reactancia psicológica es la reacción defensiva que se produce cuando una persona se ve sometida a restricciones externas o internas y surge la resistencia. La reactancia se desencadena normalmente por la presión psicológica (por ejemplo, amenazas, prohibiciones o restricciones similares). Sin embargo, la reactancia en sentido propio no es el comportamiento que se desencadena como reacción, sino el pensamiento que subyace a esta reacción. La reactancia suele deberse al "estímulo de lo prohibido". Describe la situación de desear algo aún más porque te lo han prohibido.

Efecto Pigmalión

El efecto Pigmalión se produce cuando una valoración positiva de las características de una persona es confirmada posteriormente por otra persona. El conocido ejemplo de la relación profesor-alumno funciona así: Un profesor al que se le hace creer que algunos alumnos están especialmente dotados y predestinados a ser mejores que otros, les animará inconscientemente de tal manera que al final mejoren realmente su rendimiento y correspondan así a su suposición, de la que le "hablaron" pero que no tenía ningún trasfondo empírico para él.

Efecto halo

El efecto halo (de halo, halo) es una percepción cognitivamente falsa originada en la psicología social, que consiste en inferir otras características desconocidas positivas o incluso negativas a partir de características conocidas, como la generosidad de una persona, en cuyo caso, por ejemplo, aunque alguien sea generoso seguramente también es tolerante. En el caso de un sesgo positivo, también se habla del efecto halo, en el caso de uno negativo del efecto cuerno del diablo.

Ilusión de cuerpo de nadador

La ilusión del cuerpo del nadador se refiere al proceso cerebral en el que una persona intenta sacar conclusiones a partir de un conocimiento cognitivo, pero confunde resultado y criterio de selección. El ejemplo que subyace a este título es el de un nadador profesional. Éstos tienen cuerpos musculosos y en forma. En comparación con los ciclistas o culturistas profesionales, parecen más naturales y coherentes porque los músculos están más uniformemente entrenados. Por tanto, es fácil suponer que la natación es el deporte perfecto para conseguir un cuerpo bonito. Esto, sin embargo, resulta ser erróneo, porque lo correcto es lo contrario: para ser un buen nadador, ya necesitas un cuerpo bien equilibrado y no necesariamente al revés.

Holgazanería social

El término "holgazanería social" describe un fenómeno sociopsicológico que suele darse en situaciones de grupo. En cuanto los individuos trabajan colectivamente con otros hacia un objetivo común y no se conoce su rendimiento individual, se reduce su tensión fisiológica: se sienten seguros porque creen que su propia contribución no es decisiva para el resultado. Esta relajación provoca un descenso del rendimiento en tareas sencillas. Por el contrario, conduce a un aumento del rendimiento en tareas difíciles, como las nuevas o complejas. Cada individuo tiene la sensación de que su parte puede ser decisiva y quiere que lo sea, lo que se siente como una necesidad natural. Cada individuo quiere sobresalir.

La ironía de Sócrates

La ironía socrática suele entenderse como una representación negativa de uno mismo, por ejemplo, hacerse pasar por estúpido, para atrapar al adversario, que se cree superior. Esto se hace para instruirle o hacerle pensar y demostrarle su supuesta superioridad y su profesionalidad.

El sesgo de autoridad

El sesgo de autoridad es la llamada creencia en la autoridad. Este efecto describe la sumisión sin palabras y acrítica a una persona que emana autoridad.

El sesgo de confirmación

El sesgo de confirmación también se denomina sesgo de confirmación y se refiere a la tendencia a interpretar e interpretar la información de forma que el individuo siempre cumpla sus propias expectativas.

El sesgo interesado

El sesgo de autoservicio se denomina sesgo de autoestima. Significa que un individuo atribuye el éxito a causas internas, como sus capacidades, habilidades, talento, ambición, etc., y atribuye a su vez el fracaso a causas externas, como el azar o la situación general.

El sesgo del resultado

El sesgo de resultado describe el sesgo de un individuo hacia el resultado. Esto significa que un individuo intenta evaluar la calidad de la decisión ya tomada a pesar del resultado conocido.

El sesgo de la acción

El sesgo de acción se refiere a la tendencia a actuar siempre activamente, incluso cuando se sabe que la acción puede ser inútil o perjudicial.

El sesgo de simpatía

El Sesgo de Gusto describe el efecto de que un individuo siempre intenta actuar de forma razonable o incluso "correcta" porque siempre intenta caer bien.

El sesgo de supervivencia

El sesgo de supervivencia describe un sesgo a favor de los "supervivientes". Esto significa que el éxito tiende a atraer más atención que el fracaso y que no se presta la misma consideración a los fracasados que a los triunfadores.

El efecto de contraste

El efecto de contraste proporciona una percepción más intensa de una información al enfatizar el contraste. Un ejemplo habitual es una prenda de vestir rebajada. Un vestido rebajado de 80 euros a 40 euros parece más barato y mejor que un vestido que siempre ha costado 40 euros.

La cinta hedonista

La cinta hedonista se refiere al efecto de volver rápida y felizmente a un nivel de vida estable tras un golpe del destino (independientemente de si fue positivo o negativo).

El error de disponibilidad

El sesgo de disponibilidad describe el fenómeno por el que un individuo elabora sus propias estadísticas basándose en la información y la memoria disponibles. Un ejemplo de ello es el miedo a volar. La mayoría de la gente tiene miedo a morir durante un vuelo, aunque es muchas veces más probable morir en un accidente de coche. Esto se debe a que un accidente de avión está mucho más presente y es más truculento en los medios de comunicación.

El efecto posesión

El efecto posesión es un fenómeno que se produce cuando se posee un bien. Significa que un objeto o bien se considera más valioso e importante cuando se posee.

La paradoja de la elección

La paradoja de la elección surge cuando hay muchas opciones diferentes. La masa de ofertas que se presentan a un individuo dificulta su decisión. Las muchas opciones conducen a demandas excesivas.

El efecto de la falacia del coste hundido

El efecto de falacia del coste hundido describe el efecto de que es más probable que los individuos vean atractivo continuar una tarea si ya se ha invertido dinero, tiempo y energía y no se recuperan.

El efecto priming

El efecto priming significa que el primer estímulo y la primera interpretación relacionada son decisivos para el resto de la decisión de un individuo.

La ilusión del control

La ilusión de control describe el convencimiento de una persona de que puede controlar algo que, de forma demostrable, no es cierto o ni siquiera es posible.

Reciprocidad

Reciprocidad significa mutualidad y es el principio básico de la acción humana. La reciprocidad proporciona lo que un individuo desea. Por ejemplo, para castigar a una persona que ha sido injusta con ella.

La falacia del jugador

La falacia del jugador describe el fenómeno según el cual un individuo cree que es más probable que se produzcan coincidencias, sucesos afortunados, pero también rachas desafortunadas, si no han ocurrido durante mucho tiempo.

La falacia de la escasez

La falacia de la escasez describe el efecto de que las

personas tienen preferencia por los bienes cuya oferta es limitada.

El efecto Westermarck

El efecto Westermarck se refiere al fenómeno de que las personas que han crecido juntas, independientemente de su relación, no se encuentran sexualmente atractivas más adelante en la vida.

El efecto Dunning-Kruger

El efecto Dunning-Kruger significa que un individuo muestra una tendencia defectuosa a sobrestimar siempre sus propios conocimientos y a subestimar siempre las competencias de los demás.

El efecto placebo

El efecto placebo se considera uno de los efectos más conocidos y extendidos que conoce la humanidad, y no se puede demostrar la razón de su funcionalidad. El efecto describe el fenómeno de que las personas pueden "curarse a sí mismas" basándose en sus propios pensamientos. Esto significa que podrías vender un caramelo sin medicamento a una persona con dolor de garganta y ésta dejaría de tenerlo si lo tomara regularmente, simplemente porque pensara que le ayudaría.

El efecto nocebo

El efecto nocebo describe la contrapartida del efecto

placebo. Describe el fenómeno de que la gente puede enfermar por su mera imaginación. Es decir, podrías dar a la gente un caramelo y decir "Si comes esto, cogerás un resfriado". Y ocurriría, aunque el caramelo no contuviera ningún agente patógeno.

El efecto espectador

Cuando se produce el efecto espectador, significa que cuantas más personas estén presentes, menos probable es que una persona preste asistencia en un accidente.

El efecto Barnum

Este efecto describe que un individuo interpreta afirmaciones generalmente válidas de forma que se apliquen a su propia persona. Un ejemplo popular sería el horóscopo. Si el signo zodiacal Aries dice que un Aries es testarudo, entonces uno mismo lo interpreta así y organiza las experiencias y situaciones de forma que se aplique esta característica.

El efecto superestrella

El efecto superestrella describe el fenómeno de que el propio rendimiento cambia debido a la presencia de un profesional o estrella.

El efecto Hawthorne

Por último, el Efecto Hawthorne describe que las personas cambian su comportamiento siempre que sepan que están bajo observación y/o participando en un estudio.

La psicología inversa

Todo el mundo ha oído hablar de la psicología inversa. La psicología inversa describe hacer lo contrario de lo que se espera. Esto significa que las personas a las que se les dice, por ejemplo, que no toquen la encimera de la cocina caliente, lo hacen de todos modos y se queman los dedos. La psicología inversa también forma parte de la Biblia en la historia del origen. Estaba prohibido comer el fruto del árbol del Jardín del Edén, pero aun así existía la atracción de hacer lo prohibido. La cuestión que se plantea es si se trata de un simple desafío por parte del ser humano, porque se siente privado de su libertad por las prohibiciones, o si existe una razón más profunda para ello. En el campo de la psicología, el fenómeno que se produce cuando se prohíben cosas se denomina reactancia.

La reactancia describe una reacción defensiva que conduce a la resistencia debido a prohibiciones y restricciones dadas. A menudo, una persona no puede hacer frente a esta presión psicológica invisible que le priva de su libertad y, por tanto, cambia su motivación para hacer o no hacer algo, así como su actitud, en cuestión de segundos. Por ejemplo, si le dices a una persona adulta que no debe trabajar por cuenta propia, puede que de repente adquiera la motivación para hacerlo, aunque antes no tuviera intención de hacerlo. La reactancia describe así la "atracción de lo prohibido".

Por tanto, puede afirmarse que, aunque la reactancia es muy parecida al desafío, no es necesariamente lo mismo, ya que la reactancia suele producirse de forma inconsciente, mientras que una reacción puramente desafiante puede controlarse. La aparición de la reactancia significa en el subtexto que cambia la importancia de las acciones y de la información, aunque nunca antes se haya hecho uso de esa "importancia". Así pues, la reacción típica es casi "me da igual lo que digas, ¡ahora lo haré aún más!", ya que la persona intenta así recuperar compulsivamente su privación de libertad.

Otra forma de comportarse cuando se utiliza la psicología inversa es recuperar la propia libertad mediante alternativas. Esta posibilidad tiene como consecuencia que uno no se ve afectado por las prohibiciones y sigue sin ver limitada su libertad de acción. También se ha descubierto que la reactancia con <u>letargo</u> y <u>sobreconformismo</u> es uno de los patrones de reacción más importantes en el ámbito de la presión o restricción externa. Sin embargo, el grado en que esta reactancia es pronunciada en las personas o la forma en que se manifiesta varía. Al fin y al cabo, depende de distintos factores, como el alcance, es decir, lo grande que sea la pérdida de libertad. Otro factor es hasta qué punto el individuo considera importante su propia libertad, y muchos otros.

Según la reactancia, teóricamente un individuo siempre quiere evitar que se produzca una pérdida de control, porque la gente suele tener experiencias negativas con la pérdida de control, razón por la cual el cerebro suele "hacer sonar la alarma" ante la insinuación de la misma e inconscientemente quiere protegerte de ella.

Así que la psicología inversa se utiliza cuando quieres conseguir que alguien adopte exactamente esa actitud. Así que cuando quieras motivar a alguien para que haga algo, utilizar la psicología inversa es muy útil. Un ejemplo sería el siguiente: Como empresario, anuncias seminarios voluntarios a tus empleados, pero nadie se apunta, a pesar de que facilitarían el trabajo. Ahora se aplica la psicología inversa: El empresario redacta seminarios que simplifican la vida laboral con la presión de que la oferta desaparecerá si nadie se apunta, ya que nadie considera que este tema sea importante. Esto activa la reactancia y los empleados se apuntarán.

Técnicas eficaces de manipulación y PNL

La psicología humana también incluye el poder de las técnicas de manipulación y la PNL. PNL es la abreviatura de "programación neurolingüística" e incluye una amplia variedad de técnicas y métodos que pueden cambiar los procesos mentales. Estos métodos se basan en la comunicación, las expresiones faciales y los gestos. La PNL también se define como "el estudio de la estructura de las experiencias subjetivas". La intención básica es averiguar, analizar y optimizar los diversos factores de una terapia exitosa.

MANIPULAR A TRAVES DE UN AMBIENTE AGRADABLE

La psique humana puede manipularse de forma selectiva mediante una gran variedad de influencias. Un tipo es la manipulación a través de una atmósfera agradable. Esta atmósfera puede contener muchas cosas que, según se ha demostrado científicamente, calman y relajan a las personas. Por ejemplo, ciertos colores se encuentran entre ellas. Por ejemplo, el color amarillo tiene un efecto que combate la ansiedad y alivia la depresión en las personas, el color azul es muy familiar, el verde es armonioso y el naranja tiene un efecto que levanta mucho el ánimo.

También se puede crear una atmósfera agradable y sin estrés utilizando sonidos de lluvia o sonidos generales de la naturaleza. Y puesto que una persona es más propensa a dejarse influir cuando su estado básico es mejor, puedes manipular activa y conscientemente a una persona para que se muestre más dispuesta con una atmósfera agradable.

MANIPULACION CON AYUDA DE EMOCIONES FUERTES

Otra forma de manipular a la contraparte es a través de las emociones fuertes. Un ejemplo clásico es el desplazamiento de la cuestión de la culpa y el desplazamiento de las obligaciones. Por ejemplo, si la persona A está con la persona B, pero se ha enamorado de la persona C, entonces la persona A se encuentra en un conflicto interior, porque por un lado la persona A no quiere romper su principio de fidelidad y dejar a su pareja actual por una nueva persona, porque de lo contrario tendría remordimientos de conciencia, pero al mismo tiempo sigue queriendo intimar con la persona C. Por eso la persona A se comporta de ese modo con su pareja. Por este motivo, la persona A se comporta con su pareja de tal manera que pone fin a la relación. Esto se debe a que puede culpar a la persona B durante las discusiones y distanciarse de ella y no sentirse obligado, aunque la haya manipulado.

Otro ejemplo es que la persona X quiere más atención de la persona Y. Por eso la persona X se fuerza a llorar para que la persona Y se sienta obligada a ayudar. Por este motivo, la persona X se fuerza a llorar para que la persona Y se sienta obligada a ayudar. Esta técnica de manipulación funciona muy rápidamente porque las emociones pueden provocar fundamentalmente el caos. Todo ser humano intenta siempre preservar los sentimientos de los demás o defender los suyos propios mediante diversas consideraciones.

MENTIRAS

La manipulación también funciona con las mentiras. Porque una afirmación falsa puede fundamentalmente hacer que una persona piense de forma diferente sobre una situación debido a la información falsa. Por supuesto, esta manipulación funciona muy bien si a uno no le pillan mintiendo. Sin embargo, si te pillan mintiendo, la situación resultante suele ser peor que la verdad. Por tanto, mentir supone un riesgo.

OCULTACIÓN

La ocultación es similar a la mentira, pero no suele acarrear problemas importantes cuando queda al descubierto. Sin embargo, ocultar información tiene naturalmente una influencia manipuladora. La falta de información garantiza que la otra persona tome decisiones sin tener en cuenta toda la información.

MANIPULACIÓN MEDIANTE RE-COMPENSA

Otra técnica de manipulación sería la manipulación mediante recompensas. Esto implica dirigirse directamente a la recompensa. Algunos ejemplos serían: "Si cubres mi mentira, entonces te llevaré de compras" o incluso "Si estás callado en clase, entonces no tendrás deberes". Los científicos y los médicos han podido demostrar que una persona puede cambiar impulsivamente su actitud básica o su necesidad actual. La cuestión de si la actitud cambiará depende siempre de si el "intercambio" también merece la pena. Sin embargo, las personas que quieren manipularte mediante recompensas suelen ofrecerte también algo a cambio de lo que no quieres prescindir.

MANIPULACIÓN MEDIANTE LA CRÍTICA

Sin embargo, las personas también pueden manipular a otras personas mediante la crítica. Esta crítica puede tener un efecto positivo o negativo en una persona. La frase "Cuando tocas el piano, no suena bien" puede ser recibida de forma diferente por las personas. Esta frase puede servir de incentivo o puede hacer que la persona pierda el placer de tocar el piano. Por tanto, si quieres manipular a alguien mediante la crítica, tienes que prestar atención a la elección de tus palabras y ser capaz de evaluar bien a la persona.

CAMBIA LOS NÚMEROS

También puedes manipular eficazmente cambiando las cifras. La falsificación o alteración de datos, hechos, estadísticas y cifras tiene probablemente uno de los efectos de manipulación más eficaces. Los aspectos racionales enumerados anteriormente son considerados fundamental y globalmente por la gente como una norma "correcta", por lo que en realidad nunca se cuestionan.

TÉCNICA DEL PIE EN LA PUERTA

La técnica del "pie en la puerta" significa "pie en la puerta" y describe la disposición de las personas a las que ya se ha pedido un pequeño favor a hacer otro favor mayor. El hecho de que esta técnica funciona se descubrió mediante un experimento con carteles. El experimento fue el siguiente: en primer lugar, se preguntó a la gente en la puerta de su casa si pondrían un cartel muy pequeño en su ventana. Dos semanas después, se les preguntó si pondrían un cartel muy grande en su jardín delantero. Al final se descubrió que el 55% de las personas que aceptaron poner el cartel pequeño estaban dispuestas a poner el cartel grande en el jardín, mientras que sólo el 17% de las personas a las que se pidió directamente que pusieran el cartel grande accedieron a la petición. Esto demostró más o menos que es posible manipular a la gente para que "ponga el pie en la puerta".

RECURSOS RETORICOS

El poder de manipulación a través de medios retóricos es transitivo a la PNL. Los recursos retóricos los utilizan, por ejemplo, los políticos para interpretar el discurso a su conveniencia o los publicistas y vendedores. También existe un término para ello llamado marcación analógica, que describe precisamente este uso de los recursos retóricos y otros recursos estilísticos. Esto incluye, por ejemplo, el uso de un determinado tono de voz o el uso de pausas en el discurso y el volumen. El énfasis en las palabras y la velocidad del discurso también pueden influir en el discurso o el eslogan. El uso consciente de expresiones faciales y gestos también ayuda a querer comunicar subliminalmente algo a la gente o a animar subliminalmente a la gente a hacer algo. Un ejemplo que todo el mundo conoce es que los anuncios de los supermercados suelen hablarse en voz alta y rápidamente, mientras que los documentales suelen filmarse a volumen ambiente y también se hablan a un ritmo normal. Esto se debe, por supuesto, a que se quieren conseguir objetivos diferentes. El hecho es que, al utilizar estos medios retóricos, ya no se ofrece al oyente una visión objetiva de los hechos y, por tanto, esta técnica cuenta definitivamente como una técnica eficaz de manipulación o PNL.

RAPPORT (PROGRAMACION NEU-ROLINGÜISTICA)

Yendo más allá, éstas son las técnicas de la PNL. Una de ellas es el "rapport". El rapport describe el trato en el mismo nivel lingüístico. Sirve para que, al adoptar el mismo nivel, uno no resulte incomprensible para su interlocutor y éste se entienda mejor. Crea confianza y, mediante el uso del mismo lenguaje, ayuda a la otra persona a entender algo que antes no habría entendido, de modo que se la puede convencer más rápidamente o mejor.

MIRRORING (PROGRAMACIÓN NEUROLINGÜÍSTICA)

El reflejo es casi lo mismo que la compenetración, salvo que no se trata sólo de adaptación verbal, sino también de adaptación no verbal. Esto significa que las personas siempre intentan imitar los gestos y las expresiones faciales. Esta imitación de gestos y expresiones faciales, junto con la imitación del habla, tiene un efecto muy simpático en la persona de enfrente, que puede identificarse con ella.

LIDERAR (PROGRAMACIÓN NEUROLINGÜÍSTICA)

Dirigir también forma parte de la PNL y describe la dirección de las conversaciones. Esto se consigue mediante el reflejo y la compenetración.

REENCUADRE (PROGRAMACIÓN NEUROLINGÜÍSTICA)

Refraiming en este contexto significa tanto como "dar un marco". Esto significa que se pueden desarrollar nuevos comportamientos, nuevos significados, nuevas reacciones y nuevas creencias.

Cambiar los hábitos

Cambia de hábitos. Esta afirmación es más fácil de decir que de hacer, pero es un paso esencial para la psique de una persona. Para que una persona que no es especialmente feliz debido a las circunstancias de la vida, etc., vuelva a serlo, tiene que cambiar y reformular sus hábitos y sus actitudes y creencias asociadas.

Por ejemplo, si se ha convertido en un hábito levantarse 20 minutos antes del trabajo cada mañana, aunque el individuo se sienta molesto cada mañana porque no puede desayunar, entonces debería cambiar precisamente eso. Se podría cambiar el hábito para ducharse por la mañana seguido del desayuno. Aunque al principio parezca difícil, sólo es cuestión de *hábito*. Además, los nuevos hábitos ayudan a celebrar en silencio las nuevas fases de la vida. Simbólicamente, estás creando una nueva fase y mostrándote abierto a cosas nuevas.

Por eso, también hay que reestructurar las creencias habituales. Las **creencias** son afirmaciones y convicciones que están arraigadas en ti sin que sepas exactamente de dónde proceden. Un ejemplo de una creencia de este tipo sería: "Todos los jefes son arrogantes, por eso nunca quiero llegar a serlo". Una reestructuración positiva sería: "Ser jefe es sin duda un reto, me gustaría estar en ese lado de la mesa". Por supuesto, una reestructuración así no funciona de la noche a la mañana, pero es cuestión de acostumbrarse y muy importante si quieres cambiar activamente tu comportamiento.

Las creencias de un individuo incluyen, por tanto, cosas, expectativas, prioridades, opiniones y mucho más que pensamos que son verdad debido a la educación, la experiencia, los medios de comunicación, etc. Estas creencias tienen algo que ver con la verdad en la que un individuo cree consciente o inconscientemente.

Estas frases con las que un individuo representa sus opiniones y puntos de vista tienen algo que ver con qué verdad cree consciente o inconscientemente. Por ejemplo, que los padres digan "No hables de dinero" no significa que sea un tema tabú en general. Simplemente lo crees porque así te lo enseñaron. Y lo mismo ocurre con las frases que tienen que ver con un individuo personalmente, como decir "No sabes tocar el piano".

Porque el efecto secundario negativo de tales afirmaciones es que en algún momento empiezas a tomar esta frase para ti y entonces te dices a ti mismo "no puedo hacer eso". Y ahí es también donde reside la clave de estas creencias. Hay que aprender a reestructurar y reformular esto. Hay que consolidar los pensamientos positivos, así como la voluntad de cuestionar la propia opinión de vez en cuando y cambiarla si es necesario. Por supuesto, no es nada fácil reestructurar las creencias que uno tiene y cambiar los hábitos, pero si ayuda a la psique a sentirse mejor, estos cuestionamientos y cambios merecen la pena.

Esta reestructuración de creencias y hábitos también tiene algo que ver con el término genérico programación neurolingüística. Los hábitos y las creencias influyen en el pensamiento cotidiano e influyen inconscientemente en las decisiones y el comportamiento. Y cambiándolos activamente, puedes "reprogramar" tu cerebro para que piense de otra manera.

La visualización como ayuda para alcanzar objetivos

La clave para alcanzar los propios objetivos en el campo de la psicología se basa en el concepto de visualización, que describe el hecho de tener presente el problema y el objetivo correspondiente. Es importante tener claro dónde reside exactamente el problema. Debes saber qué es lo que te molesta, porque sólo con este conocimiento puedes trabajar activamente en ello. Pero en cuanto hayas visualizado el problema, puedes empezar a visualizar los objetivos. Esto significa que siempre debes responder a la pregunta "¿Qué quiero? ¿Qué necesito? ¿Qué me haría feliz desde el fondo de mi corazón?". Cuando hayas podido responder a esta pregunta, podrás trabajar activamente en el camino que te llevará a tu objetivo. Como ya se ha dicho, es importante fijar objetivos intermedios realistas. Pero esto no es lo único que tienes que visualizar. En psicología, es importante conocerse a uno mismo y no interponerse en el proceso de aprendizaje. La fuerza interior de un individuo es especialmente importante y esencial, al igual que el entorno social.

Finaliza

En conclusión, la psicología contiene innumerables supertemas y subtemas con diversas ramificaciones complejas que son muy difíciles de comprender. Sin embargo, la psique de una persona es increíblemente importante y todo individuo debe cuidarla. Mantener la fuerza interior, conservar la confianza en uno mismo y hacer frente a la frustración son los puntos más importantes a tener en cuenta. Además, puede concluirse que las distintas ramas de la psicología siempre han querido al menos una cosa: Explicar el comportamiento humano en una gran variedad de contextos.